AVERTISSEMENT

AUX

SOUVERAINS.

Ouvrages qui se trouvent chez le même libraire :

LETTRES VENDÉENNES, par M. le vicomte Walsh, 4e édition. 2 vol. in-8°, avec 2 figures	12 »
Le même ouvrage. 3 vol. in-12	8 »
SUITE AUX LETTRES VENDÉENNES, ou Relation du voyage de MADAME, duchesse de Berry, dans l'Ouest, en 1828, 2e édition, revue et augmentée ; par le même, 1 vol. in-8, satiné.	7 »
Le même ouvrage, même édition. 2 vol. in-12	5 »
LE FRATRICIDE, ou Gilles de Bretagne, par le même, 2e édition, 3 vol. in-12	7 50
LETTRES SUR L'ANGLETERRE, ou voyage dans la Grande-Bretagne en 1829 ; par le même. 1 vol. in-8 avec 6 figures...	7 50
VIE DE ST.-VINCENT DE PAUL, par M. Capefigue. 1 vol. in-8.	5 »
Le même ouvrage sur papier vélin satiné	10 »
HISTOIRE DES ÉMIGRÉS FRANÇAIS, depuis 1789 jusqu'en 1828, par M. Antoine de St.-Gervais. 3 vol in-8	15 »

Ouvrages nouveaux.

RELATION DES ÉVÉNEMENS ARRIVÉS A THOMAS MARTIN, laboureur à Gallardon en Beauce, en 1816, en 1821 et en 1830. Paris, 1831. 1 vol. in-8. Par la poste, 2 fr. 50 c., pris à Paris....	2 »
DEVOIRS RELIGIEUX ET POLITIQUES DANS LES TEMPS D'USURPATION ET D'ANARCHIE, par M. de la Marne, brochure, franc de port	» 60
DIX JOURS DE 1830, Souvenirs de la dernière révolution, par A. Sala, officier d'infanterie de l'ex-garde royale, deuxième édition, revue et augmentée, in-8. Par la poste, 3 fr., pris à Paris	2 50
RECUEIL DE DISCOURS prononcés dans les deux Chambres, et de ceux qui devaient l'être à l'occasion de la proposition de M. Baude, ex-préfet de police, relative à l'exclusion perpétuelle de la branche aînée des Bourbons ; suivi de la Comédie de 15 ans, avec notes et observations, par M. Walsh, in-8. Par la poste, 2 fr. 80 c., à Paris	2 »
DE L'ÉMANCIPATION DES COMMUNES, du vote général et de sa nécessité. No 1. Par la poste	1 40
UNE ANNÉE, ou la France depuis le 27 juillet 1830 jusqu'au 27 juillet 1831, par M. de Jailly, 1 vol. in-8, à Paris....	5 »
PREUVES AUTHENTIQUES DE LA MORT DU JEUNE LOUIS XVII ; détails sur ses derniers momens ; pièces justificatives, documens inédits, et réfutation des mémoires du soi-disant duc de Normandie, fils de Louis XVI, par A. Antoine de St.-Gervais. Brochure in-8. 1 fr. 25 c., et par la poste	1 40

Imprimerie d'Herhan, rue St-Denis, n° 380.

AVERTISSEMENT

AUX

SOUVERAINS,

SUR LES

DANGERS ACTUELS DE L'EUROPE;

PAR

M. le comte Achille de Jouffroy.

Prix : 1 fr. 50 c., et par la poste, 1 fr. 75 c.

Paris.

CHEZ HIVERT, LIBRAIRE, QUAI DES AUGUSTINS;

ET CHEZ TOUS LES MARCHANDS DE NOUVEAUTÉS.

OCTOBRE 1831.

AVERTISSEMENT

AUX SOUVERAINS.

Princes de la terre qui conservez encore, au milieu de séditions éclatant de toutes parts, une volonté libre, des ministres dévoués, des armées fidèles, hâtez-vous de préserver l'Europe et vous-mêmes des derniers triomphes de l'anarchie.

Le péril vous environne; il vous presse; une guerre à mort vous est déclarée; elle a pour champ de bataille l'opinion publique pervertie, pour mobiles les désirs cupides et ambitieux, pour moyens d'excitation la licence de la parole et des écrits, pour encouragement ses propres succès depuis quarante années; elle a l'irréligion pour auxiliaire, les factieux de tous les pays pour généraux, les masses populaires pour recrues. Quelques délais encore, et ses hostilités seront portées au pied de vos trônes, qui s'écrouleront peut-être comme celui de Charles X.

Qu'attendez-vous, dans ces conjonctures redoutables, des ressources diplomatiques de vos cabinets? S'agirait-il de prolonger votre agonie *? Songez que nul traité durable ne peut subsister, ni même se conclure, entre les révolutions et vous; car elles ne veulent pas de vous. Vos négociations ne sauraient amener que des trèves momentanées, dangereuses, durant lesquelles vos ennemis se fortifient tandis que vous vous affaiblissez.

Conservateurs des peuples, votre tâche est de maintenir les choses établies, mais seulement lorsqu'elles sont conformes à la justice; autrement, que servirait l'immense pouvoir qui vous est confié? Lorsqu'un jour vient où l'inertie n'est utile qu'à protéger l'iniquité, qu'à favoriser ses progrès dans vos états, vos devoirs changent de nature. Aussitôt que la vérité et le droit sont opprimés chez les nations, leurs destinées sont remises à la fortune des armes.

. . . .

* M. Lainé disait naguère à la tribune des pairs de France: *Les rois s'en vont!* Peu de jours après, lord Mansfield s'écriait à la Chambre d'Angleterre: *Dieu sauve la couronne!* On croirait entendre les derniers avertissemens du prophète du malheur qui criait sous les murailles de Jérusalem, vers la fin du siége.

On ne saurait nier que ce jour fatal ne soit arrivé pour plusieurs monarchies de l'Europe; l'ordre social tout entier y étant attaqué dans ses bases. Princes, il est temps d'examiner quel usage vous devez faire du pouvoir qui vous reste encore, et ce que veut de vous le Dieu des nations, qui vous en a laissé le commandement dans ces temps difficiles.

Si vous étudiez les discours, les écrits innombrables, les intérêts, les prétentions qui se combattent, vous ne trouverez ici-bas qu'incertitudes, obscurités, confusion. Élevez-vous donc, par la pensée, jusqu'à la hauteur de votre mission sublime; représentans de Dieu, efforcez-vous de découvrir le jugement que Dieu lui-même porte des choses de la terre.

Dès l'origine du genre humain, le Créateur a voulu qu'une lutte perpétuelle existât entre le bien et le mal, entre l'ordre et le désordre. C'est là une condition essentielle de notre liberté, sans laquelle l'homme, rabaissé à la condition des brutes, n'aurait ni châtimens à craindre ni rémunérations à espérer, même de sa propre conscience; si l'ordre et la vertu n'étaient pas attaqués, il n'y aurait nul mérite à les défendre.

En ce moment l'Europe est le théâtre d'une lutte mortelle, engagée entre le système social dont vos trônes forment les sommités, et un système nouveau vers lequel on dirige incessamment, depuis un grand nombre d'années, l'esprit et les désirs des peuples.

L'ordre auquel vous appartenez n'est autre que le droit dérivant des faits antérieurs; son objet est la conservation des individus et des propriétés tels qu'ils existent. La souveraineté, indépendante et indivisible de sa nature, s'y trouve placée dans un point désigné d'avance, s'y transmet selon un ordre appréciable et reconnu par tous les sujets; il n'est besoin, pour maintenir la paix intérieure, que de continuer ce qui existe, il suffit de garder les lois de la morale et de la justice, dont vous n'êtes vous-mêmes que les premiers sujets.

Le système nouveau qu'on veut établir rejette tout ce qui est antérieur à lui. Son objet est de modifier perpétuellement la société. La souveraineté, attribuée à l'universalité des citoyens, est livrée d'avance aux chances d'un scrutin; ses transmissions sont incertaines, inconnues. La paix intérieure des peuples est sans cesse remise en question; le souverain du jour pouvant toujours révoquer les lois promulguées la veille, il est même expressément institué pour cela. Sa volonté, quelle qu'elle soit, est la loi suprême; il n'est soumis qu'à ses propres décisions, et il ne peut les prévoir, car il s'ignore lui-même; la majorité du moment ne saurait connaître les intentions de la majorité qui va suivre. Ce souverain de hasard, sorte d'abstraction insaisissable, n'est soumis à aucune responsabilité envers Dieu ou sa conscience. Vis-à-vis de lui, les lois de la justice et de la morale ne sauraient être invoquées; car on n'a rien à opposer aux oracles muets qui sortent de l'urne. La pluralité des votes décide de tout. Nuls droits, nulles traditions, nuls faits antérieurs n'obligent ce pouvoir sans limites. Il ne peut, par la même raison, imposer d'obligations à ses successeurs; en sorte que les nations, soumises à ce système, n'ont réellement ni passé ni avenir.

Entre ces deux combinaisons, on ne peut imaginer de transaction ni de moyen terme. On a cru pendant quelque temps en avoir rencontré un; mais ces monarchies *constitutionnelles*, que la révolution elle-même avait proposées, que sont-elles devenues? Après les exemples de la France, des Pays-Bas, de la Pologne, du Brésil et de quelques états d'Allemagne; après les souvenirs qu'ont laissés l'Espagne, Naples, le Portugal, il serait oiseux d'examiner encore ce chimérique projet de conciliation entre la monarchie et les révolutions.

La question se réduit à savoir ce qui prévaudra à la fin, en Europe, de l'ordre monarchique ou des idées révolutionnaires. En d'autres termes, il s'agirait de découvrir lequel de ces deux systèmes est dans le dessein de la Providence.

Il n'a pas été donné à l'homme de lire dans l'avenir; mais Dieu, souverainement juste, en nous créant à son image, a placé au fond de notre conscience un juge incorruptible qui nous avertit de ce qui est conforme à sa volonté. L'expérience, d'ailleurs, nous apprend que les succès de l'iniquité sont éphémères, que la morale survit toujours à ses infracteurs. En examinant, Princes, de quel côté se trouve la justice, nous découvrirons où sont vos devoirs.

Pourrait-on s'imaginer que l'éternel Créateur de toute justice voulût qu'un ordre social nouveau s'établît paisiblement sur les ruines d'institutions renversées par de sanglantes violences! Ici, une populace furieuse, rassemblée sur les places publiques à la voix de quelques francs-maçons, se précipite, les armes à la main, sur les pouvoirs légalement établis; et deux mille insurgés changent, en quelques jours, la face d'un empire à l'insu des habitans. Là, de frénétiques conjurés, s'armant dans l'ombre de poignards, préludent à leur œuvre désastreuse par la plus lâche tentative d'assassinat sur leur prince. Ailleurs, une poignée d'ambitieux livrent à la guerre civile et à l'invasion étrangère leur patrie paisible jusqu'alors. Souvent le libéralisme a pour auxiliaires le parjure, l'impiété; pour premiers moyens d'action, la spoliation, l'usurpation, la révolte, l'incendie. Des succès procurés par de tels moyens seraient-ils dans les desseins de Dieu? le monde serait-il condamné à se régénérer par de tels crimes, et au profit des criminels?

Pourrait-on supposer que l'auteur de toute vérité ait résolu l'établissement général d'un système qui ne repose que sur le mensonge? Car est-il déception plus évidente et plus grossière que le libéralisme? L'unique secret des intrigans qui l'exploitent consiste à promettre aux peuples une nouvelle ère de prospérité. Se mettent-ils à l'œuvre, aussitôt le trouble remplace la paix, la confusion succède à l'ordre, de nouvelles charges viennent accabler le peuple, et on s'aperçoit que le but véritable des provocateurs était de se procurer quelque occasion de faire fortune.

Un philosophe ancien disait: « Qu'il me soit permis de faire adopter par la majorité des hommes un seul petit mensonge, et l'univers m'appartiendra. » Le libéralisme ne songe qu'à réaliser ce vœu. Ses succès n'aboutissent partout qu'à mettre l'erreur en lumière; il ne se dépouille des voiles de l'hypocrisie que pour montrer sa nudité et démentir lui-même effrontément ses promesses. Dieu se servirait-il de la mauvaise foi des démagogues, de l'impudence sans frein des journalistes, pour améliorer le genre humain?

Non, Princes. Quand Dieu permet le succès passager de si coupables moyens, ce n'est pas dans la vue de récompenser les nations qui les emploient par des prospérités nouvelles, c'est bien plutôt pour les préparer à subir de grands, d'inévitables châtimens. L'histoire le prouve; toutes les nations puissantes qui ont péri violemment se trouvaient, la veille de leur chute, divisées, corrompues, turbulentes, orgueilleuses, telles en un mot que nous voyons aujourd'hui toutes celles que le libéralisme a envahies.

N'attendez pas que ce mal se guérisse de soi-même : les peuples sont incorrigibles. D'ailleurs, quels élémens pourrait-on rassembler chez les nations révolutionnées, pour composer un ordre social? Des pouvoirs soumis au bon plaisir des factions; des magistrats qui prononcent sur leurs siéges des arrêts contre une fidélité qu'eux-mêmes ont jurée; des militaires qui parlent de gloire et d'honneur après avoir rompu la discipline, trahi leurs devoirs, conspiré contre leurs princes; des nobles reniant leur origine pour donner des gages de dévoûment aux dernières classes du peuple; d'autres qui réclament comme une sorte de patrimoine les honneurs et l'or de l'État, en se glissant d'une antichambre à une autre; quelques prêtres oubliant les préceptes des apôtres, applaudissant à la révolte au nom de la liberté; des parvenus ignorans et vaniteux; des savans sans croyances; des hommes de l'âge mûr usés par le froissement des vicissitudes politiques; une génération nouvelle sans principes et sans frein; toutes les considérations morales cédant au besoin de faire fortune; un prétendu patriotisme dans toutes les bouches; l'égoïsme le plus abject au fond des cœurs.

Quand les nations en sont arrivées à ce point, elles ne sauraient se régénérer elles-mêmes. Le nombre des hommes vertueux et capables, échappés à la contagion, est trop réduit. Les honnêtes gens sont devenus timides, méfians; ils s'épurent, ils s'isolent. Le gouvernement du pays est ordinairement abandonné à des mains impures, dont des mains plus impures s'efforcent sans cesse de l'arracher. Les partis font assaut de mensonges et d'impudence. Les principes invoqués dans l'attaque sont solennellement répudiés après la victoire; la conscience publique est anéantie; il n'y a plus rien de vrai, plus de juste ni d'injuste; rien qui soit généralement admis, ou généralement réprouvé; les esprits, comme les corps, se soumettent machinalement à la force et au nombre; tous les droits sont méconnus, toutes les légitimités sont reniées; et en cet état convulsif il n'y a plus que deux forces qui se fassent respecter au milieu de la torpeur générale : le despotisme et la conquête.

L'histoire de la chute de l'empire romain en Occident et plus tard en Orient, celle de l'établissement du protestantisme et des sanglantes conséquences de cette révolution, voilà les leçons où vous pouvez puiser des analogies assez exactes avec l'état présent de l'Europe, et des règles pour vous guider dans l'emploi des forces de résistance dont il vous est encore permis de disposer.

Après ces considérations morales élevées, il est peu important, peut-être, de revenir sur ce qui concerne vos intérêts personnels et les besoins de votre sûreté. Songez néanmoins, Princes, que si votre tolérance se prolonge, il sera bientôt inutile de vous parler de périls que vous n'aurez plus le pouvoir de détourner. Ne comptez plus sur la fidélité de vos peuples, si vous-mêmes vous rendez des honneurs aux révolutions. Ne comptez plus sur vos armées, si vous saluez quelque part le triomphe de la force plébéienne sur la force militaire. La contagion de ces pernicieux exemples est plus puissante à corrompre le monde que la peste à le dépeupler. Les idées libérales franchissent les cordons sanitaires.

Déjà plusieurs dynasties ont succombé sous les coups de la révolution; en quelques pays, des générations entières ont été ensevelies parmi les ruines des institutions anciennes, des traditions sociales et des mœurs. Le débordement des idées nouvelles s'étend aujourd'hui avec une rapidité effrayante sur un grand nombre d'États, et menace de submerger les princes, dont quelques-uns cherchent à sortir du torrent par des voies obliques, tandis que d'autres s'y abandonnent dans le vain espoir de surnager. Cependant les sujets, habitués précédemment à voir les gouvernemens servir de digues, les aperçoivent aujourd'hui flottans au gré des vagues populaires, et ils perdent la foi à l'autorité, cette foi sans laquelle nul ordre politique ne peut se conserver.

A la vue de cette indifférence générale, de ces envahissemens toujours tolérés, de ces illustres catastrophes, de ces périls si souvent et toujours vainement signalés, on pourrait penser que la cause des rois et des gouvernemens légitimes est irévocablement perdue; que la terre est finalement livrée par le Créateur aux conquêtes du génie révolutionnaire; qu'il ne reste à l'homme de bien qu'à s'envelopper dans son manteau pour attendre avec résignation le terme d'une vie condamnée à s'écouler sous un règne de destruction et d'injustices; on serait tenté, en un mot, de croire au triomphe du mal et de douter de la Providence.

Nous sommes heureusement garantis de ce malheur par une contemplation plus réfléchie. Les succès mêmes de la révolution démontrent à chaque moment l'impossibilité où elle se trouve de réaliser son système; le poison de l'exemple porte avec lui son antidote.

Si ma faible voix pouvait s'élever jusqu'au trône du souverain juge, pour le supplier de guérir la plaie morale qui dévore les sociétés, de dissiper les funestes illusions du libéralisme, de ramener par la conviction, dans les voies de l'ordre et des monarchies, les esprits égarés, que pourrais-je demander de plus efficace à sa redoutable sagesse, que ce qui s'offre aujourd'hui même aux yeux du monde entier!

Partout où la révolution remporte une victoire, l'audace de la tentative est immédiatement châtiée par la stérilité des résultats; les peuples qui se jettent dans la révolte, avec l'espoir de conquérir plus d'indépendance et de prospérité, sont aussitôt livrés à une oppression nouvelle, à des misères plus grandes!

Partout où les classes laborieuses ont été employées à renverser les pouvoirs légitimes, le premier fruit de leur victoire a été la ruine de l'industrie, leur nourricière. Les artisans de juillet, manquant de pain, sont forcés d'aller gagner la ration du soldat sous le soleil d'Afrique; ceux de Bruxelles et de Gand, désespérés, se livrent au pillage; l'habitant des fertiles Apennins, après avoir attiré l'étranger armé dans ses foyers paisibles, vient implorer le secours de la charité dans les dépôts de Marseille et de Mâcon.

Partout où l'insurrection fut soudoyée par ces classes financières si orgueilleuses de leurs richesses, les instigateurs en sont victimes: punis par ce qu'ils ont de plus cher, ils subissent les banqueroutes pour châtimens! Si l'on a préparé les voies à la révolution en insinuant au peuple de refuser l'impôt à son gouvernement légitime, après le succès de l'entreprise, l'impôt est doublé! Si l'on a soulevé les nations sous le prétexte que leurs droits étaient menacés, leurs libertés en péril, l'arbitraire et la persécution se montrent aussitôt avec violence. Ce pouvoir révolutionnaire n'a pas même le prestige de l'éclat, le masque de la gloire; il sort des bancs de l'école ou de la poussière dorée des comptoirs; la France, ivre d'orgueil et de liberté, a des avocats et des banquiers pour maîtres!

Que si la félonie militaire, marchant à la suite

des conjurations, et précédant le meurtre, la dévastation, l'incendie, a rallié sous ses drapeaux parjures des armées entières, la grandeur des désastres est proportionnée aux dangers de ces vastes et redoutables entreprises! Que si la guerre, avec tous ses fléaux, se prolonge assez long-temps pour qu'un si grand nombre de coupables en puissent être frappés, Dieu donne aux rebelles un chef, exécuteur mystérieux des décrets de sa justice, dont l'habileté les aveugle, dont les succès partiels les entretiennent dans l'illusion, et qui les pousse lentement, jusqu'au dernier, vers l'abîme préparé aux infracteurs de la foi jurée! A cette Pologne insurgée, si fière de sa civilisation et de la bravoure de ses fils, Dieu envoie dans sa colère un héros dont les exploits hâtent et facilitent la consommation de sa ruine! L'inondation de la Vistule, le ravage des provinces, le choléra-morbus, viennent apprendre à l'univers ce qu'il en coûte à une nation pour appuyer à main armée la tentative d'assassinat organisée contre son prince par quelques élèves d'écoles militaires!

Et, afin que nul ne puisse être abusé par l'apparente indifférence que tu témoignes pour les tristes succès de la révolution, tu permets, ô Sagesse divine, que les vainqueurs déclarent eux-mêmes, avec impudence que, loin de se croire protégés par toi, ils se considèrent comme tes ennemis! Partout où la révolution triomphe, tes autels sont renversés, tes ministres insultés, ta parole méprisée, et sous le nom de tolérance universelle on essaie de proscrire jusqu'aux traditions religieuses qui établissent des rapports entre le ciel et l'homme, entre la créature et son auteur !

Voilà, Princes, ce que la Providence a permis pour dessiller les yeux des monarques et des peuples sur la vanité des promesses révolutionnaires. La révolution n'est-elle pas suffisamment appréciée par ses œuvres? Ni la chute récente de plusieurs couronnes, ni le danger imminent qui menace encore plusieurs souverains, ne doivent donc porter à induire que le système nouveau soit destiné à triompher en définitive. Parmi les souverains qui résistent encore avec succès à ses attaques, le sauveur de l'ordre social est probablement déjà désigné et inscrit au grand livre de l'avenir. Quel sera-t-il ? Nul homme ne saurait le prédire ; mais ce qu'il est permis de juger dès à présent, c'est que le prince réservé à tant de gloire marchera sur des voies différentes de celles où tant d'autres ont péri, et qu'il saura se soustraire aux piéges dont la révolution a su jusqu'ici entourer les rois timides ou débonnaires.

Le vainqueur de la révolution devra-t-il l'attaquer en face, la combattre à outrance, ou bien lui faudra-t-il employer d'habiles ménagemens, d'adroites concessions? Voilà la question tout entière ; sa solution, si elle était possible à notre faible intelligence, indiquerait d'un seul trait la route à suivre pour rendre le monde à la morale et au repos.

Examinons d'abord les concessions qu'on vous demande; la première touche à la souveraineté. On vous accuse d'être absolus, c'est-à-dire despotes; supposons que vous le soyez; accordons, pour plus de simplicité, que votre volonté individuelle soit démesurément libre, que toutes les volontés de vos sujets, réunies ou divisées, en soient les esclaves. Ce pouvoir sans limites que vous n'exercez réellement point, que vous ne pourriez exercer, mais que vos ennemis vous attribuent, ce monstre que leur exagération a fabriqué pour exciter les peuples à vous combattre, cette souveraineté absolue, en un mot, on vous propose de la partager avec vos sujets, selon des conventions, des formes, des réglemens inscrits sur des feuilles de papier appelées *Constitutions*.

Pouvait-on imaginer, pour vous détrôner, un piége plus sûr et pourtant plus grossier? Céder la moindre parcelle de la souveraineté, n'est-ce pas l'abdiquer tout entière? Régner, c'est vouloir; la volonté peut-elle se diviser? Pourrez-vous, à la fois, dominer les volontés des autres et céder vous-mêmes à ces volontés? Dès que vous accordez à une portion de vos sujets le droit de délibérer en matière souveraine, vous ne conservez plus qu'une fraction de souveraineté, vous êtes soumis, comme tout magistrat d'une république, à la volonté de la majorité; et de quelque titre, de quelque éclat qu'on vous décore, vous n'êtes que les premiers sujets de l'omnipotence du scrutin.

Que cette première concession soit accordée, que ce premier pas soit franchi, et l'édifice social a changé de bases: la souveraineté déplacée, errante, descendra de disputes en disputes jusqu'aux derniers rangs des classes populaires, ou remontera de violences en violences jusqu'à une usurpation sanglante et tyrannique. Voilà la marche du pouvoir dans l'ordre des sociétés, telle que l'ont tracée la nature des choses et l'histoire. Les amateurs désintéressés des constitutions modernes paraissent avoir perdu entièrement de vue ces notions, quoiqu'elles se soient même confirmées sous leurs yeux par les catastrophes qui suivent régulièrement en Europe, depuis quelques années, l'introduction de toutes les constitutions de ce genre.

Les libéraux de bonne foi sont en outre dupes d'une erreur singulière, lorsqu'ils s'imaginent échapper à la souveraineté absolue en la divisant. Le pouvoir des despotes est limité, du moins par leur propre conscience; le pouvoir possédé en commun n'a point de bornes ni de responsabilité. Vous arracher la souveraineté, c'est livrer le monde à la tyrannie. Fut-il un pouvoir plus absolu que celui de la *Convention ?* Sous le régime des constitutions à balance prétendue de pouvoirs, il pourra toujours se former une Convention; il suffira pour cela de rencontrer des députés comme ceux de 92, quelques biens d'église à convoiter, quelques princes à sacrifier.

Quand on vous somme de céder vos droits politiques, il est évident que c'est pour en user dans quelque dessein ultérieur; on veut des honneurs, des emplois, de l'or, de l'or avant tout. Mais, qu'ont été jusqu'ici les monarques absolus, sinon les distributeurs obligés de toutes ces choses? Distributeurs prodigues, injustes, mal éclairés, dira-t-on. Qui juge ainsi? Les révolutionnaires; mais, aussitôt qu'ils arrivent au suprême pouvoir, ne se montrent-ils pas aussi prodigues, aussi injustes? Tout leur discernement consiste à s'adjuger à eux-mêmes les trésors des nations et les distinctions sociales. Lorsque le fruit des sueurs du peuple a passé par vos mains héréditaires, on se plaît du moins à considérer ces distributions comme des récompenses publiques que la royauté ennoblit. Chez les parvenus de la révolution, la richesse et les honneurs ne paraissent être, aux yeux du peuple, que le fruit de l'adresse, du bonheur, ou même du crime. Vous êtes trompés, peut-être même souvent, sur l'opportunité de vos faveurs. Mais les gouvernemens du libéralisme font de ces exceptions une règle générale, et leurs budgets doubles des vôtres sont une proie publiquement offerte à la cupidité et à l'intrigue.

Si l'on y regarde avec attention, on trouve que la révolution, considérée dans sa doctrine, n'a jamais contenté personne. Ses plus grands apologistes ne la défendent que comme un principe, en vertu duquel ils font céder les esprits à leurs vues particulières. Ces vues sont-elles remplies, ils répudient subitement le principe, afin de se préserver; après avoir combattu sous le drapeau du siècle pour fouler aux pieds la puissance de leurs prédécesseurs, ils invoquent à leur tour les maximes contraires pour se défendre contre l'invasion de leurs successeurs. La révolution eut-elle jamais des partisans plus dévoués, pendant quinze années, que les hommes qui régissent aujourd'hui l'administration de la France? Aujourd'hui la révolution a-t-elle des ennemis plus soupçonneux, des renégats plus déhontés, des persécuteurs plus lâches?

Céder à quelqu'une des exigences de la révolution, c'est se soumettre à ses principes, c'est l'adopter tout entière; et, vous le voyez, Princes, c'est sacrifier le pouvoir inutilement pour les peuples; car elle ne peut rien pour eux. Vous unir à elle dans l'espoir de leur procurer quelque bien, c'est répandre des semences stériles sur le tombeau de votre pouvoir; c'est porter vous-mêmes la hache dans ce qui reste d'ordre social, pour n'en faire qu'un désert; c'est acquérir, peut-être, une popularité d'un jour, pour disparaître le lendemain dans l'oubli, emportés par les regrets d'un sacrifice inutile, si toutefois vos alliés, devenus vos maîtres, veulent bien vous laisser le choix du genre de mort.

Vous avez des ministres habiles, exercés aux affaires, connaissant profondément, et trop minutieusement peut-être, les hommes et les faits. Ils vous parleront du danger des résistances, de la nécessité des concessions. Demandez-leur, Princes, qu'ils vous garantissent un avenir de dix années; nul ne l'osera. Tous ignorent si le système qu'ils suivent, le compas et la balance à la main, pourra surmonter les difficultés de l'époque actuelle. Lorsqu'ils ont appliqué à défendre ce système tout ce qu'ils possèdent de zèle et d'intelligence, leur tâche leur paraît remplie. N'oubliez pas, Princes, que les habitudes politiques des cabinets sont des entraves périlleuses quand la politique générale a secoué le joug de toutes les entraves; que la vue perçante des hommes d'état qui naviguent dans les temps ordinaires est parfois plus susceptible de se troubler, quand la tempête arrive, que celle d'un simple matelot; enfin, que la tranquille domination de la diplomatie suggère, naturellement, à ceux qui l'exercent, de reculer le plus qu'ils peuvent l'instant où la souveraineté force leur règne à faire place à celui de la justice armée.

Qu'ont produit jusqu'à ce jour les efforts de la diplomatie à l'égard des nations révolutionnaires?

La reconnaissance des pouvoirs révolutionnaires par vos cabinets, soit qu'on la considère, de votre part, comme une manifestation de crainte ou d'impuissance, soit qu'on y voie un imprudent abandon des principes de solidarité qui sont désormais l'unique garantie de vos propres trônes, cette reconnaissance, dis-je, est l'encouragement le plus formel, le plus surprenant, que la révolution puisse recevoir. A la vue de vos ambassadeurs restant froidement dans leurs hôtels pendant que, sous leurs fenêtres, les plus anciennes dynasties de l'Europe succombent sous les coups d'émeutes libérales, tous les peuples qui aspirent à un changement doivent penser qu'il leur suffit de se débarrasser de leurs gouvernemens en s'armant de fusils de chasse et en amoncelant des pavés, pour être incontinent admis dans le système politique dont vous êtes les chefs.

A quelle autre cause attribuerez-vous le soulèvement des Belges, des Italiens, des Polonais, des Saxons? Et croyez-vous que l'opinion même des peuples que vous gouvernez ne soit pas ébranlée, quand ils aperçoivent que vous tendez la main aux révolutions, que vos chancelleries s'inclinent profondément devant elles, et que vos ambassades se prosternent dans la poussière de leurs palais.

Qu'ont gagné la Belgique et la Hollande aux conférences de Londres? Ces malheureux pays se trouvent aujourd'hui précisément au même point où ils étaient il y a huit mois. Les sollicitudes de vos diplomates n'ont procuré aux Belges qu'une augmentation de misères, n'ont fait qu'accroître la confusion des esprits, qui se corrompent de plus en plus par l'impunité prolongée d'une licence sans borne. Après tant de sang répandu, tant de richesses anéanties, la question est toujours insoluble. Vos protocoles n'ont eu pour résultat qu'un provisoire sans issue; la Belgique, se débattant dans un abîme, a imploré de toutes parts un maître pour éviter d'être déchirée entre plusieurs. En reconnaissant sa révolution, vous n'avez fait qu'un acte inutile de faiblesse, puisque vous ne pouvez empêcher que le sort de ce pays ne soit, en définitive, remis à la force.

Si la révolution a succombé dans la péninsule italique, c'est que le zèle officieux de la diplomatie n'a pu se porter sur ce point. La Pologne, jusqu'ici, a échappé pareillement à l'influence des médiateurs; aussi la question, quoique encore indécise, y est-elle demeurée entière; les armes doivent la décider. Quelle qu'en soit la solution, les principes pourront être sauvés; car l'ordre social est moins exposé sur les champs de bataille que par les capitulations des cabinets; la victoire sanglante et superbe met son orgueil à recréer le pouvoir dont les théories conciliatrices ont ébranlé les bases.

Il y a quinze ans, Princes, qu'à la tête de vos armées vous crûtes, par deux fois consécutives, avoir vaincu la révolution; vous n'aviez fait que subjuguer quelques révolutionnaires. La révolution se compose de principes; en ne les proscrivant pas, vous lui laissâtes la vie. Elle se prépara dès-lors à recommencer la guerre. Elle armait en silence pendant que vous désarmiez. Elle a repris les hostilités, d'année en année, de pays en pays; et un fait bien digne de remarque, c'est que partout où l'on a combattu avec franchise et sans accorder de concessions, la révolution a succombé, tandis que partout où l'on a transigé avec elle sur quelques points, elle a fini par vous vaincre.

En Espagne, en Portugal, après des années de déchiremens, de misères, la paix et la stabilité du trône ont reparu, comme par miracle, aussitôt qu'on y a proscrit, d'une manière formelle, les maximes de la révolution.

A Naples, à Turin, et récemment dans la Romagne, quelques bataillons d'infanterie ont anéanti, en quelques jours, toute la puissance des théories de l'insurrection.

D'un autre côté les sophismes révolutionnaires ont conquis chaque nation dont le gouvernement les avait admis ou tolérés. La catastrophe de juillet n'a été qu'un corollaire exact de l'axiôme adopté en 1814, un développement pur et simple de la charte de Louis XVIII. En Hollande, c'était obéir imprudemment à la révolution que de réunir sous le système appelé *représentatif* deux peuples divisés de religion, de langage, de mœurs, d'intérêts; c'était préparer le soulèvement de celui des deux qui se trouverait en minorité. En lui accordant des libertés dont il ne pouvait jamais profiter, on inventait pour lui une sorte d'état d'oppression, et on lui fournissait, en même temps, les moyens de s'y soustraire par la violence. Plus loin, la promesse indéfinie d'une constitution faisait germer l'insurrection polonaise, qu'une imprudence politique a laissé naître et se développer au milieu d'une armée nationale, toute imbue de l'impatience des novateurs. Parlerai-je de ces petits états de l'Allemagne où l'introduction des formes nouvelles a déjà porté ses fruits amers, et de ceux où le feu de la révolution couve encore; volcans dont les cratères menacent de prochaines éruptions le centre et le nord de l'Europe?

En fait de combinaisons politiques, la révolution est plus habile que vous. Quand vos cabinets se hasardent à se placer vis-à-vis d'elle sur le théâtre des négociations, le seul rôle qu'ils puissent jouer, c'est celui de dupes. Non moins hypocrite qu'audacieuse, elle se charge de tous les autres; elle prend tous les déguisemens. Il y a dix ans, lorsque l'alliance resserrée des monarques du nord lui inspirait un juste effroi, elle fit éclore au loin une diversion, aussi embarrassante qu'inattendue; l'insurrection de la Grèce fut une bombe lancée contre les congrès. La révolution prit alors le masque de la ferveur religieuse; ces mêmes hommes qui, obéissant à leur nature, de tous temps comme aujourd'hui ont renié le culte, brisé les croix, et sur qui l'eau du baptême semble n'avoir produit que les convulsions de l'hydrophobie, étaient devenus tout-à-coup de pieux missionnaires, des croisés dévots et pleins d'ardeur. Ils imploraient l'appui des monarques chrétiens en faveur des forbans de l'Archipel et des franc-maçons du Péloponèse, métamorphosés par eux en martyrs de la foi. Que de niais, parmi les honnêtes gens de l'Europe, ont favorisé, par leurs bruyantes clameurs, cette célèbre mystification des temps modernes! En obéissant à cette fausse impression, les souverains ont compromis leur cause; ils ont servi, non les Grecs qui, pris en masse, ne s'accommodent pas mieux du joug de M. Capo-d'Istria que de celui d'un pacha; non la religion, qui avait moins à craindre du fanatisme turc que des doctrines philosophistes des Haiteristes, et de celles qu'importent dans la Grèce les Philhellènes sortis des écoles matérialistes de l'occident; les souverains n'ont servi que les desseins de leur implacable ennemie, la révolution, laquelle, par reconnaissance, les a comblés d'éloges, et a décoré du nom de victoire brillante l'injuste agression commise à Navarin.

La question de la Grèce, une fois soulevée, devait entraîner la guerre de Turquie; les révolutionnaires l'avaient prévue. Pendant quatre années, que d'efforts n'ont-ils pas faits pour la provoquer? A les entendre, la civilisation exigeait que l'empire ottoman fût expulsé du sol de l'Europe; la Russie devait y acquérir, presque sans peine, des avantages immenses, une immortelle gloire. Or, quels résultats attendaient-ils de cette guerre? l'affaiblissement d'une des puissances les plus redoutables aux révolutions du midi. Faire dépenser à la Russie ses armées, ses trésors, c'était épuiser de sang le cœur même de la Sainte-Alliance, dont l'Autriche et la Prusse formaient les bras. Pendant que les monarchiques guerriers du nord se fondaient au soleil d'Andrinople, les séïdes de la conjuration contre les monarchies se félicitaient, et, pleins d'espérance, se recrutaient sur les bords de la Seine, de la Tamise et de l'Escaut.

Monarques européens, voilà de grandes fautes, que des fautes plus grandes encore ont nécessairement suivies!.. Une fois embarqués dans les eaux de la révolution, vous naviguez côte à côte avec elle; vous vous résignez à assister, sous l'humble pavillon d'une neutralité forcée, aux victoires qu'elle remporte sur les membres de votre propre famille.

Dure nécessité que de voir anéantir des droits dont l'origine est commune avec les vôtres! On insulte, on calomnie, on menace, on expulse des rois; Rois, vous gardez le silence! Les Belges secouent-ils l'autorité que vous avez solidairement garantie à Guillaume? Vous vous hâtez de saluer leur indépendance. Qui, mieux que vous, ne sait que Charles X fut la victime innocente du plus monstrueux système de dénigrement, de la combinaison la plus impudente de suppositions et de mensonges? Gardiens de l'opinion des peuples, qu'avez-vous fait pour rétablir, au moins dans cette opinion, votre frère calomnié? L'infortuné, en renonçant pour toujours au trône, en se réfugiant au pied d'un rocher en Écosse, n'a pas même obtenu la tranquillité de l'exil! La haine injuste l'y accompagne, l'outrage l'y poursuit; et vous faites bon visage à ses détracteurs ; et vous accueillez dans vos cours les hommes qui l'ont le plus lâchement trahi. Vous croyez-vous donc privilégiés contre le malheur, à l'abri des trahisons et de la calomnie? Sachez que le cri d'une légitimité ainsi abandonnée s'élève contre toutes les autres, et que ses échos formidables portent l'indifférence et le découragement dans le cœur des royalistes de tous les pays.

Il existe, aux rives du Tage, un peuple qui s'est soustrait aux réformateurs du siècle, après avoir subi leurs coûteuses expériences, et qui s'est ensuite rassis, d'un vœu unanime, sur les bases du système monarchique auquel vous appartenez. Un prince s'est rencontré, tel que cette nation l'eût choisi, si le ciel ne l'eût fait déjà légitime héritier du trône selon les lois anciennes du pays. La révolution, que son instinct ne trompe jamais en fait de princes, a reconnu en don Miguel un ennemi dangereux et irréconciliable. Tout ce que la fureur aveugle peut inventer, elle l'a rassemblé pour combattre ce nouvel adversaire; les limites de l'absurde ne l'ont même point arrêtée, habituée qu'elle est de voir les peuples accueillir stupidement les plus grossiers mensonges. Mais les gouvernemens, éclairés sur ce point, devaient-ils céder, ou paraître céder, à des préventions populaires, dont l'injustice, à leurs yeux, est de toute évidence?

Toutes ces défections à votre propre cause

semblent être l'effet de la crainte; vos timides précautions ne désarmeront cependant point vos ennemis. Si vous persistez dans cette voie, le faisceau des monarchies sera brisé pièce à pièce; de protocoles en protocoles, vous descendrez sous le joug du peuple souverain; et le sceptre finira par n'être plus dans vos mains tremblantes qu'une plume avec laquelle vous signerez le testament des monarchies.

Mais il est temps d'examiner les forces que la révolution a acquises et celles qui vous restent, d'apprécier les ressources respectives des deux parties belligérantes entre lesquelles nous avons montré, à l'aide de tant d'exemples, que nulle transaction n'est possible, la lutte actuellement engagée devant finir par l'extermination de l'une ou de l'autre.

Au premier aspect, les ressources de la révolution paraissent inépuisables. Quelquefois réprimée, jamais vaincue, souvent triomphante, et toujours insatiable, elle accroît le nombre de ses partisans plus rapidement encore que celui de ses victimes. Après quinze ans de paix générale, sous un régime de mansuétude politique nouveau dans les annales européennes, nous voyons la révolution se relever d'un bout de l'Europe à l'autre, plus puissante et plus exigeante que jamais. Elle a conquis des classes entières de la société. Une foule d'hommes de bonne foi, de toutes les nations, applaudissent à ses projets tout en blâmant ses moyens; faisant ainsi une déplorable distinction entre le bien qu'elle s'attribue et les crimes qu'elle commet. Ces honnêtes gens dupés sont les plus utiles auxiliaires de sa cause; ils lui ont procuré des amis jusque sur les degrés des trônes; elle a aujourd'hui des souverains pour alliés, et des nations entières se trouvent rangées sous ses étendards. C'est elle qui inspire aux paysans de la Suisse l'idée d'augmenter leurs prétentions à chaque concession qu'on leur accorde; c'est à sa voix que les Belges ont secoué le joug du prince le plus populaire qui ait jamais gouverné ce pays; c'est elle qui a ressuscité pour les Polonais une nationalité éteinte depuis deux générations, afin d'être soutenue elle-même à main armée aux avant-postes du nord; c'est elle qui fournit les poignards aux sicaires de Cadix, et qui entretient au loin, sur l'Océan, le foyer de ses doctrines, allumé à Terceira; c'est à sa demande que le sénat de Bavière prend fait et cause pour quelques journalistes contre le roi et son gouvernement; c'est elle qui sollicite du nouveau roi de Sardaigne, en attendant mieux, l'abolition de la confiscation pour crimes politiques, sauve-garde essentielle aux attentats qu'elle médite; c'est par elle que les exigences des Grecs, déclarés libres, dépassent même le libéralisme reconnu de M. de Capo-d'Istria (*); c'est par elle que Louis-Philippe semble chargé d'armer un million d'hommes, pour protéger le centre principal de

* Dans ce moment, on apprend que les Grecs sont en révolte contre leur Président.

sa propagande; c'est elle enfin qui, entraînant les Anglais vers la réforme, accourt pleine de joie aux bords de la Tamise, pour y élever un théâtre à de nouvelles expériences dont elle attend des résultats d'autant plus fructueux et plus sûrs, que la Grande-Bretagne lui offre une somme peu commune de richesses à spolier, de supériorités sociales à détruire.

Que l'on jette ses regards à l'orient, au midi, à l'occident, au septentrion; partout on rencontrera la révolution poursuivant son œuvre, tantôt victorieuse et marchant à front découvert, tantôt conspiratrice et déguisée, se glissant silencieusement de cités en cités, et pénétrant avec adresse jusque dans les conseils des princes. La révolution vole à la conquête du monde!

Quelle est donc cette puissance irrésistible qui pousse le genre humain dans une voie signalée uniquement jusqu'ici par les malheurs de ceux qui l'ont parcourue? Quel ascendant formidable peut subjuguer à tel point les esprits, que la vue de l'abîme, son expérience même, loin de détourner les peuples, semble les exciter de plus en plus à s'y précipiter?

J'ai déjà remarqué que la révolution vit de principes; c'est là le secret de sa puissance. Elle soumet les intelligences avant d'armer les bras. L'emploi matériel de la force ne suffit pas pour la vaincre; on tue inutilement ses soldats, puisqu'il lui suffit, pour repeupler immédiatement ses rangs, qu'on tolère une seule de ses idées. Il faut donc, Princes, exprimer hautement et clairement une improbation de ces désastreuses idées; afin que le monde, mieux éclairé, vous prête cette force sans laquelle vous n'êtes souverains que de nom.

La révolution se proclame elle-même comme la réformatrice et la bienfaitrice du genre humain. Elle promet aux hommes la jouissance de l'égalité et de la liberté, biens dont, à l'entendre, les nations ont été privées jusqu'à sa venue; biens qu'elle représente sous des aspects divers, selon les temps, les lieux, les besoins et les passions, mais dont la définition qui suit paraît renfermer tout ce que ses partisans avouent.

1° Tous les hommes sont frères; ils apportent, en naissant, des droits égaux aux avantages que la société procure. Ils ne diffèrent entre eux que par les facultés personnelles; donc toute distinction sociale ne doit être qu'une récompense viagère donnée au mérite personnel.

De là, abolition de tous droits héréditaires, de tous priviléges de noblesse, comme injustes à l'égard de la communauté.

2° Nul homme n'a le droit de commander aux autres hommes, à moins qu'il ne tienne d'eux-mêmes ce droit; tout pouvoir légitime est une délégation de la société; tout dépositaire de ce pouvoir n'est que l'exécuteur de la loi, il est responsable, et nécessairement révocable; il n'y a de souverain que la loi; la loi, c'est l'expression de la volonté générale, que le peuple manifeste par l'organe de ses représentans.

De là, nécessité de ces formes républicaines, ou emi-républicaines appelées *représentatives*.

3° La liberté consiste à ne pouvoir être entravé dans ses pensées, dans leur manifestation, dans ses croyances ni dans ses actes; on est seulement passible; si on en abuse, des peines établies par la loi.

De là, liberté des cultes, liberté de la presse, liberté de l'enseignement.

Voilà la théorie révolutionnaire; théorie séduisante, dont l'application réaliserait, ce semble, le rêve de l'âge d'or. Elle n'a de fondemens, il est vrai, ni dans les lumières de la saine raison, ni dans l'expérience de l'histoire; mais elle est conforme aux désirs insatiables de l'esprit et du cœur humains; et cela suffit pour qu'elle se propage avec succès.

Il faut l'avouer, si ce système était juste et praticable, tout ami de l'humanité devrait s'y rallier, le défendre, et vous dire: Monarques, brisez vos sceptres et descendez du trône; le soin des nations ne vous regardent plus; faites place à la loi; elle seule est souveraine; elle remplace tout ici-bas.

Dans ce thême astucieux de la révolution tout s'enchaîne, et vous en êtes formellement exclus. Si l'égalité est un principe vrai, vos droits au trône ne sont qu'un pur sophisme; si le gouvernement préventif est proscrit, il n'est plus besoin de volonté individuelle pour diriger les nations. Il suffira que leurs mandataires appliquent la loi répressive. Vous n'avez plus de religion de l'état à protéger, plus d'éducation publique à surveiller, plus d'écrits à censurer, plus de police à faire; que prétendez-vous être dans le système nouveau que la révolution établit? Les premiers exécuteurs de la loi! Attendez donc que le peuple, qui fait la loi, et qui observe l'égalité, vous ait élus comme les plus capables; et attendez-vous à pouvoir être destitués avec la même justice de sa part.

Remarquez surtout, Princes, comme toutes les parties de la théorie qui nous occupe sont liées entre elles, et comme elles sont inséparables. Rejeter un seul principe, c'est renverser le système entier. Jusqu'ici ce système n'a jamais pu être réalisé dans son ensemble, aussi la révolution n'a-t-elle jamais été satisfaite. Admettons-nous, en effet, une seule inégalité, comme nécessaire, toutes les inégalités existantes reprennent leurs droits; un seul pouvoir indépendant du peuple, comme utile, la loi souveraine est anéantie; une seule mesure de police préventive, comme indispensable, la liberté, telle que l'entend la révolution, est violée dans son essence. La plus simple logique suffit pour démontrer que si les inégalités sociales et le pouvoir jouissant de son libre arbitre sont contraires à l'ordre des sociétés, ils ne doivent être tolérés nulle part; que si, au contraire, ils sont conformes à cet ordre, ils doivent exister partout; car ce sont là des conditions d'existence simples comme des faits, et par conséquent non susceptibles de division.

Faut-il s'étonner, après cela, si les souverains qui ont essayé de transiger avec la révolution n'ont jamais pu consolider leur pouvoir? Ce pouvoir était une anomalie. Lorsque, dominée par quelques circonstances, la révolution flatte les rois, ce n'est que pour les employer à ses fins; quand les peuples souverains accueillent un monarque légitime à leurs banquets, c'est tout au plus pour leur verser à boire; et s'ils lui accordent la place d'honneur, c'est qu'ils le traitent en étranger.

Le scandale de ces alliances n'a que trop perverti l'opinion publique. Il est temps, Princes, de faire un appel à tous les hommes qui, égarés par les promesses de la révolution, ne sont point pourtant enchaînés à elle par la solidarité des crimes. Le nombre en est grand, et, s'il était possible de leur faire déserter les rangs de l'armée révolutionnaire, celle-ci paraîtrait enfin ce qu'elle est réellement : une poignée de fanatiques, escortés d'intrigans et de scélérats, poussant devant eux la populace crédule et cupide de tous les pays.

Commencez par rejeter le thème de la révolution en entier, puisque chaque principe que vous lui accordez fait passer à son bord des classes entières. Est-il donc si difficile de démontrer l'absurdité de sa théorie, la vanité de ses promesses, l'impossibilité où elle sera toujours de les réaliser?

1° Elle veut que *tous les hommes naissent égaux;* mais, ne suffit-il pas d'ouvrir les yeux pour se convaincre que, sur toute la surface du globe, il n'existe pas deux individus qui arrivent à la société dans des situations semblables? L'inégalité n'est pas seulement la loi du genre humain : c'est la loi de la nature entière. Qu'on appelle hasard ce que nous appelons ordre divin ou providence, peu importe. Poser l'égalité comme un fait, c'est nier le fait qui existe; vouloir en faire dériver un droit, c'est encore plus absurde; car on ne saurait concevoir un droit qui n'ait un fait pour origine; que penser du droit qu'on veut faire reposer sur le plus évident de tous les mensonges?

Aussi le principe de l'égalité, tout en enflammant les ambitions populaires, n'a jamais pu rien réaliser. Les révolutionnaires n'ont fait que substituer des inégalités nouvelles à celles qu'ils avaient détruites. Ce que l'humanité peut avoir gagné à ces changemens, les peuples sont là pour le dire; mais, à coup sûr, la théorie de la révolution n'a fait, dans ces essais, que manifester son impuissance.

Dire que tous les avantages sociaux doivent être uniquement le prix du mérite personnel, ce n'est pas seulement exposer un rêve inexécutable, c'est proposer une idée anti-sociale s'il en fut jamais. Un sot hérite, à trente ans, de la fortune et du rang de son père; l'en privera-t-on en faveur de ses voisins, hommes de mérite? Dès lors plus de garantie de propriété, plus de législation nécessaire, plus de civilisation possible. On descend à l'état sauvage.

2° *La loi seule est souveraine;* et cette loi, c'est le peuple qui la fait : mais la LOI n'est pas à la disposition des hommes; loin de la faire, ils sont forcés de la subir. Elle est, comme l'a dit Montesquieu, le rapport entre les choses; la LOI, c'est le fait à conserver; la volonté populaire, c'est une agression perpétuelle contre le fait. Comment la souveraineté peut-elle ressortir de ces élémens dissemblables?

Les hommes, réunis pour délibérer, ne peuvent convenir que des formes à établir, des réglemens à suivre; ces formes, ces réglemens, voilà ce que la révolution appelle la LOI; et quand elle les a fait répandre à l'aide de l'imprimerie, elle s'imagine avoir créé un souverain.

La LOI est sage, fixe, conforme à la raison des peuples et à leurs intérêts; elle vient de Dieu, ou, si l'on veut, de la nature des choses; les LOIS révolutionnaires sont ordinairement injustes, mobiles, comme les circonstances, les passions, les caprices des hommes qui les rédigent.

Parlerai-je des quarante-quatre mille *lois* de la révolution française qui devait régénérer le genre humain? Elles sont tombées en désuétude, la plupart même avant d'avoir été exécutées.

Les chartes constitutionnelles modernes, dont la révolution se fit un bouclier contre les baïonnettes des monarchies, proclamaient toutes expressément l'inviolabilité de la personne royale. Ferdinand d'Espagne entrainé à Cadix, Ferdinand de Naples s'enfuyant à Laybach, Guillaume chassé de Bruxelles, Charles réfugié à Holyrood, don Pedro en France attestent le respect de la révolution pour ce qu'elle appelle la *loi souveraine*.

Ainsi ce nouveau souverain que la révolution offre au monde n'est qu'un fantôme sans puissance, même aux yeux de ses sectateurs; une abstraction employée pour amuser les peuples, en attendant que la force, à laquelle chacun aspire sans oser l'avouer, vienne s'emparer de la souveraineté. Princes, laisserez-vous échapper de vos mains le peu qui vous en reste?

3º D'après les principes de la révolution sur la liberté, les actions des hommes, même les plus méchantes, ne doivent pas être *prévenues*, mais seulement *réprimées*.

C'est la première fois, peut-être, que le code du genre humain est rédigé au profit du mal. On croyait, jusqu'ici, que les peines répressives n'attestaient que l'impuissance des mesures de prévention; que si une police vigilante pouvait empêcher le crime de se commettre, la société abolirait avec joie les châtimens. On croyait que les souverains étaient précisément institués pour exercer cette action préservatrice et tutélaire : la révolution y substitue le système répressif, piége tendu aux coupables ignorans, barrière impuissante contre les coupables habiles, qui la brisent souvent avec impunité, qui s'étudient sans cesse à la franchir sans risque.

Que diriez-vous d'un berger qui, au lieu de veiller aux soins de son troupeau, se bornerait à préparer des supplices pour châtier les loups, après qu'on aurait constaté leurs ravages?

On avait pensé jusqu'ici que l'éducation des hommes devait être dirigée. La société est un état de gêne, et le seul moyen de le rendre supportable aux individus, c'est de les habituer dès l'enfance à en subir les entraves nécessaires. L'éducation est donc un moyen de compression; la révolution n'y voit qu'un excitatif. Selon ses principes, l'éducation doit être entièrement libre. Ainsi les premiers penchans et les premières opinions de chaque individu pourront se développer sans que la société ait le droit de s'assurer s'ils sont conformes aux lois de sa conservation. C'est abandonner l'avenir au désordre; c'est élever l'anarchie, et la conduire complaisamment à la lisière.

Le voilà pourtant mis à nu, ce système qui a séduit tant d'hommes! Aucune de ses parties ne résiste à l'examen de la raison, à la voix de la conscience, ni à l'expérience. On pourrait même ajouter qu'il est contraire à l'intelligence humaine: car, si l'homme le plus borné comprend aisément la royauté, on voit que les esprits les plus élevés se sont toujours perdus dans l'analyse des théories révolutionnaires, et que les hommes d'état les plus habiles ont toujours échoué dans leur application. Quiconque, après mûre réflexion, soutient encore de bonne foi un pareil système, doit être un méchant ou un imbécille.

Si les phalanges révolutionnaires se grossissent chaque jour par l'adhésion d'une foule d'hommes que leur caractère, leur position sociale, leurs lumières et leurs talens défendent de ranger dans la classe des méchans ou dans celle des imbécilles, il faut reconnaître que la révolution a exercé sur eux une influence qui ne saurait être la conviction de ses doctrines, puisque celles-ci ne peuvent supporter l'examen ; ni l'exemple de ses bienfaits, puisqu'elle n'a produit jusqu'ici que des désastres ; ni enfin la foi en ses promesses, dont la vanité est assez démontrée. Le sentiment qui a porté tant de gens de mérite, et même de bien, à déserter la cause des monarchies, c'est le sentiment de la peur.

Il faut une grande ténacité d'opinion pour persister à avoir foi dans la cause des souverains, lorsqu'on voit des souverains qui paraissent eux-mêmes n'avoir plus foi en leur cause. Cette constance de caractère ne peut être l'attribut que d'un très petit nombre d'hommes. La plupart des gens qui se croient habiles, après avoir médité sur l'ordre politique de la société dont ils font partie, se replient sur eux-mêmes et se demandent où est l'avenir? Leur instinct individuel les porte naturellement à s'éloigner d'une autorité dont ils aperçoivent la faiblesse, dont ils pressentent la ruine, pour se rapprocher du parti où ils présument la victoire. Que de gens sont devenus indifférens au sort des monarchies, par le seul motif qu'ils ont conclu, des condescendances du pouvoir et des concessions faites par plusieurs rois, qu'il ne s'agissait plus pour ceux-ci que de disputer, pendant quelques années encore, les derniers restes d'une puissance qui doit bientôt s'engloutir dans l'océan des républiques, ou faire place à un système nouveau d'usurpations?

Une bonne partie des forces morales dont la révolution profite tient à cette disposition des esprits. Il est dans sa nature de ne jamais se décourager, et de se servir utilement du découragement des autres. Il suffit de garder la neutralité pour aider à sa cause; car dans la guerre de principes, quiconque n'est pas pour vous est contre vous. Et c'est ici le lieu d'examiner, en passant, une circonstance morale peu appréciée jusqu'ici et que la révolution a su faire tourner à son avantage.

Il y a, dans ce monde, deux classes d'hommes dont le caractère différent influe sur la marche des choses; les gens de cœur et les gens d'esprit. Les premiers obéissent avec une sorte d'abnégation d'eux-mêmes à l'impulsion, quelle qu'elle soit, qui les dirige. Dans le bien comme dans le mal, leur action est une, vive, irrésistible. Les autres supputent les probabilités pour et contre, et subordonnent leur conduite à des considérations quelquefois spécieuses, mais toujours plus ou moins entachées d'intérêts personnels, qu'ils se dissimulent souvent à eux-mêmes; leur action se borne à résister d'abord, puis à s'abandonner doucement au cours des événemens et ils appellent cela prudence. Quand les premiers défendent vigoureusement l'ordre établi, les derniers occupent les places, et applaudissent. Si ceux-là font une révolution, ceux-ci savent aussitôt en profiter.

La révolution a ses gens de cœur, enfans perdus qui marchent à l'assaut et gagnent les batailles; et, après chaque conquête nouvelle, les gens d'esprit accourent par essaims pour butiner. Quant à vous, Monarques, vous ne manquerez pas de gens d'esprit tant qu'il vous restera quelque puissance; mais ne comptez pas trop sur eux pour vous défendre; adressez-vous aux gens de cœur, s'il vous en reste. Les rois qui ont négligé ce moyen, qui ont cru pouvoir se passer des hommes de foi, où sont-ils? Leur trône est renversé; les hommes d'esprit qui l'entouraient en ont salué la chute, et ils ont gardé leurs places.

Heureux si quelque part, dans vos états, le dévouement désintéressé, la fidélité au serment, la franchise et le courage chevaleresque, les traditions enfin de la vieille Europe sont encore en honneur! Ménagez-les bien, ces vénérables débris d'une opinion sociale qui a fondé vos antiques trônes, et qui seule les soutient! Du jour où cette opinion serait répudiée partout comme surannée ou ridicule, vous n'auriez plus que des serviteurs intéressés, douteux, et pas un sujet fidèle.

Quand la révolution, ridiculisant la morale des

devoirs, y a substitué la morale des intérêts, elle a fait un appel aux gens d'esprit sans se priver pour cela des gens de cœur; car ceux-ci, presque toujours frustrés par les premiers des fruits de la victoire, se remettent dès le lendemain à la tâche avec autant d'ardeur qu'auparavant, et conspirent pour une révolution nouvelle. Mais quand des rois ont sanctionné eux-mêmes l'évangile des profits, et se sont faits les distributeurs de ces derniers, ils se sont privés des gens de cœur sans s'attacher davantage les gens d'esprit.

C'est dans la décadence de la foi politique que la révolution puise sa principale force. Quelque mauvaise que soit sa théorie, le vulgaire préférera l'adopter à n'en avoir aucune. En lui laissant le champ libre, on livre d'abord le monde au ravage de ses essais. Mais ces malheurs même donneront naissance à des intérêts qui fonderont un droit nouveau, et alors tout sera consommé. Parcourez l'histoire: vous verrez que chaque cataclysme social a été la victoire d'une opinion; mais cette opinion triomphante avait eu ses fanatiques, ses héros, ses martyrs. Rois, où sont les vôtres? S'il en est parmi vous dont la couronne soit tombée, d'autres dont le sang ait été répandu, devra-t-on les considérer comme des martyrs de la royauté, eux qui s'étaient jetés dans le bras de la révolution? Depuis la constitution jurée par Louis XVI jusqu'au 21 Janvier 1793, depuis la charte octroyée par Louis XVIII jusqu'au 29 Juillet 1830, le monde monarchique n'a pu voir en France qu'un débat entre divers partis de la révolution, que des défections entre alliés, que des attentats tolérés engendrant des attentats nouveaux, que d'illustres et déplorables victimes d'une erreur qui leur avait fait abandonner leur propre cause. La royauté a péri deux fois en France, depuis quarante ans, par la main de ses alliés, et non en combattant contre ses ennemis. Il faut bien le reconnaître, et il est temps de l'avouer, depuis la pacification de la Vendée et le licenciement de l'armée de Condé, l'opinion sur laquelle repose la stabilité des trônes, d'où dépend l'existence de tous les rois, n'a plus eu de sanctuaire dans le royaume de saint Louis et de Louis XIV. La mitraille de Quiberon a fait plus de mal à vos royautés que les victoires de Bonaparte; et le comble de ce mal, c'est de l'avoir méconnu. Vous aviez des héros qui avaient scellé leur croyance de leur sang, il fallait les placer dans votre martyrole. Mais, loin de là: on parut les considérer comme les confesseurs d'une religion abandonnée. Durant les quinze années de la restauration de la personne royale, l'opinion monarchique, repoussée par des gens d'esprit, et voyant les abords du trône gardés par la révolution déguisée, s'en alla mourir tristement dans les humbles retraites de ses derniers sectateurs, qui étaient traités de dupes par la génération nouvelle, et d'ignorans par les docteurs orgueilleux qui prédisaient au trône constitutionnel une immortelle durée.

C'est en France surtout que la révolution doit être étudiée. La France est le grand laboratoire de ses essais, le foyer générateur de ses irradiations. Elle y a revêtu diverses formes, subi des phases variées; elle s'y est démasquée sous tous les aspects. Elle y a produit tout le mal qu'il est en son pouvoir de faire; puisqu'elle y a éteint, dans les esprits, les traditions les plus simples et les plus indispensables du système monarchique. Les gens de cœur de cette opinion n'y forment pas même un parti; depuis long-temps les royalistes, découragés, s'y étaient appliqués au rôle d'hommes habiles. Aussi, bon nombre d'entre eux persistent-ils aujourd'hui à se croire monarchiques, quoique ayant changé de cocarde, parce qu'ils défendent contre la révolution, sous Philippe, ce qu'ils avaient gagné sous Charles X; tandis que d'autres, essayant de faire preuve d'habileté par des voies différentes, s'offrent au peuple pour le diriger, et se jettent à corps perdu dans les systèmes de liberté illimitée, d'égalité civile et religieuse, et de décentralisation complète; théories dissolvantes dont aucun ordre social possible ne saurait résulter.

Pour bien juger des causes qui ont amené en France cette situation presque irremédiable, il faut suivre la révolution dans sa marche, analyser les nouvelles formes qu'elle a introduites dans la société, et les institutions qu'elle a créées, c'est-à-dire, sa législation religieuse, civile et militaire; cet examen nous révélera le secret de sa force.

La France, vaincue deux fois par les rois de l'Europe, deux fois envahie par leurs armées, est aujourd'hui plus redoutable pour eux qu'elle ne l'était avant ses défaites. La révolution en a fait sa place d'armes. Comprimée, humiliée à plusieurs reprises, mais se relevant toujours avec quelque avantage, la révolution s'est fortifiée en France, au point d'y être devenue presque inexpugnable. A l'aide des changemens successifs et nombreux qu'elle a introduits dans la société, des intérêts nouveaux qu'elle a créés ou attachés à sa cause, des droits anciens qu'elle a fait considérer comme proscrits, elle est parvenue, sinon à rallier, du moins à compromettre pour elle presque toutes les classes de la nation. Telle est l'anarchie des idées qui règne en ce pays, que, parmi les nombreux partis qui le divisent, il n'en est pas un seul sur lequel la révolution n'exerce quelque influence, et dont elle ne puisse retirer quelque fruit.

Tandis que les Jacobins, ses serviteurs les plus sincères, se dévouent à propager les principes, à encourager les séditieux de tous les pays, les hommes du système militaire, qu'on appelle encore Napoléonistes, rêvent et préparent une propagande armée contre toutes les monarchies. La révolution est également servie par ces deux partis, quelque opposés qu'ils paraissent par leurs principes comme par leurs moyens. Car, si les premiers emploient, pour débarrasser la révolution de ses ennemis, depuis le sophisme jusqu'aux échafauds, les derniers se préparent à renverser, à coups de canons, vos trônes qui la gênent.

D'un autre côté, les royalistes (et le nombre en est grand) défendent il est vrai la légitimité, mais ils ne sont guère d'accord entre eux que sur un point, qui est la nécessité de relever cette institution fondamentale. Les uns, qui veulent une restauration toute militaire, vont jusqu'à proposer de refaire une France conquérante sous le drapeau blanc, considérant dès à présent comme ennemis tous les rois légitimes qui s'approcheraient des frontières pour prêter assistance à leur œuvre monarchique, et résolus d'isoler la légitimité française, dès son berceau, de ses alliés naturels. La révolution doit sourire à cet hommage rendu à ses idées favorites par ses plus mortels ennemis; elle y entrevoit d'ailleurs une chance de salut, dans la supposition de leur triomphe. D'autres royalistes voulant s'étayer de l'égarement même des esprits, annoncent le retour de l'autorité légitime comme l'aurore de toutes les libertés, ou plutôt de toutes les licences que la révolution a proclamées et qui ont fait ses triomphes. Au milieu de ces prétentions opposées, les gens d'esprit, dont je parlais plus haut, remplissent les fonctions de modérateurs, et regardent comme une victoire de retarder l'explosion du volcan. Ils ne font que prolonger un scandale doctrinaire, que confondre de plus en plus l'intelligence des générations qui s'élèvent. Au point où la France a été conduite, il n'est plus permis d'y voir, jusqu'à une restauration de l'ordre, qu'une collection immense d'individus qui déraisonnent et dont le sort est d'être menés par un certain nombre d'hommes trompés ou trompeurs.

Monarques européens, vous redoutez la France, et vous avez raison. Les rayons de sa propagande pénètrent au travers de vos peuples, et la paix est pour elle un temps de conquêtes. Vous courriez moins de dangers, si elle vous envoyait insolemment la révolution à la pointe de trois cent mille bayonnettes. Elle le fera, tôt ou tard; et peut-être alors sera-t-il trop tard pour votre défense; car les œuvres d'une diplomatie timide ne sont pas propres à entretenir l'esprit national dans vos états; et vous, chefs des peuples, que feriez-vous si les peuples, découragés ou séduits, refusaient de vous suivre? La révolution victorieuse irait planter son bonnet phrygien sur vos palais, jusqu'aux extrémités de l'Europe. La France nouvelle, la France telle que quarante ans de troubles l'ont composée, offre un caractère particulier qu'on n'a point assez observé, à en juger du moins par les fautes commises dans les guerres précédentes et dans la restauration qui les a suivies.

La révolution française a commencé en 1789 au jeu de paume, lorsque Mirabeau destitua d'un mot l'autorité royale. Ce fut un principe qui triompha alors, celui de la souveraineté du peuple. Mais dès ce moment, la révolution s'occupa à créer des intérêts en sa faveur, pour se consolider. Or, si ce principe insurrecteur a traversé l'anarchie, le despotisme militaire et la restauration du trône, c'est parce que les intérêts qu'il avait fait naître ont persisté à travers toutes ces vicissitudes.

Ces intérêts nouveaux n'ont pu prendre naissance que sur les ruines d'intérêts antérieurs; car il n'y a rien de vacant dans ce monde. La révolution a donc été forcée de renverser, dès le principe, les institutions existantes, garanties des biens et des avantages qu'elle convoitait. Après avoir détruit la souveraineté royale, elle s'est attaquée à la religion, à la hiérarchie civile, à l'esprit de famille, aux traditions, aux mœurs. Comment a-t-elle opéré la destruction de toutes ces choses, par quoi les a-t-elle remplacées? C'est ce qu'il importe d'examiner, et quelques développemens sont ici indispensables.

Après que la révolution a été consommée, on a pensé, à la vue du grand nombre d'hommes qu'elle avait admis à ses profits, qu'il suffirait de ménager les intérêts pour faire oublier les principes. Ce fut là une grande erreur. Il y a dans la révolution une puissance de doctrine plus forte encore que les intérêts matériels, et que les hommes d'état ont trop méprisée.

Pour commencer par la religion, il est aisé de voir que la haine que la révolution lui porte n'a point été appaisée par la spoliation complète des biens de l'église, par la proscription et le massacre de ses ministres. C'est en vain qu'on a consacré ces spoliations, qu'on a amnistié ces persécutions et ces meurtres. La guerre d'intérêts une fois terminée, celle de principes a continué dans toute sa violence. La religion, pauvre, inoffensive, humiliée, sera toujours considérée par la révolution comme son ennemie la plus redoutable.

La révolution européenne ne s'accommode d'aucune croyance religieuse; le christianisme, en particulier, lui est insupportable ; et elle hait, par dessus tout, le catholicisme. Les motifs de cette gradation sont faciles à saisir.

Toute religion dit aux hommes : Cette vie est un court passage, au-delà duquel vous n'emporterez aucun des biens que le monde estime et procure, mais seulement le mérite des vertus que vous y aurez exercées. Subissez donc avec indifférence les inégalités qui existent ici bas, restez soumis à l'ordre qui y règne. Cette doctrine conservatrice ne saurait convenir à la propagande révolutionnaire, qui se vante elle-même de marcher, suivant une rapide progression, et dont le but est de niveler la société afin d'usurper le pouvoir.

De ce conseil de la religion naturelle, le christianisme en a fait un précepte positif: « Mon royaume n'est pas ce monde, » a dit le divin auteur de notre religion. « Rendez à César ce qui est à César, » dit-il ailleurs ; et il faut remarquer que César était étranger et païen. Les apôtres ne cessaient de prêcher l'obéissance aux puissances établies. Le christianisme s'étendit rapidement, au sein des persécutions, sans jamais conspirer pour arracher le pouvoir, même à ses persécuteurs. Devenus puissans par leur nombre, les chrétiens ne firent pas d'empereurs, ils attendirent qu'un empereur se fît chrétien. Cette religion, considérée humainement, est la meilleure garantie de l'ordre public. Un véritable chrétien, s'il raisonne, ne se rencontrera jamais dans une conjuration contre un pouvoir politique légitimement institué. Le christianisme, en un mot, est le culte, après Dieu, des légitimités; il a fondé, élevé, consolidé presque toutes celles de l'Europe. Faut-il s'étonner que la révolution le traite en ennemi domestique?

Le catholicisme, doctrine conséquente, institution complète, impose le dogme avec autorité, y ajoute le poids de la menace. Sa milice, active et disciplinée, surveille avec rigueur l'exécution de ce que l'Évangile a ordonné; et le pouvoir perpétuel de l'Église vivante empêche la lettre de mourir, et ne laisse aucun prétexte d'oublier ou de mal interpréter le sens des divins commandemens. Ce culte positif s'empare de l'homme à sa naissance, le ploie au joug de la hiérarchie sociale, le suit dans les principaux actes de la vie, s'attache à en faire un citoyen probe, un sujet soumis. Il va plus loin, il pénètre à chaque instant au fond du cœur de l'homme pour en extirper les souillures; il se charge de le délivrer des remords au prix du repentir et de la réparation : en sorte que le catholicisme ne se borne pas à opposer une barrière morale aux progrès de l'immoralité révolutionnaire ; il attaque incessamment celle-ci au sein même de ses triomphes, en faisant un appel à la conscience de ses sectateurs. Chaque retour religieux est une défection éclatante à la révolution, qui n'y perd pas seulement un prosélyte, mais encore une portion plus ou moins considérable des intérêts matériels créés par elle pour s'en faire un appui.

C'est donc dans sa morale, et à sa source même, que la révolution attaque la religion. Elle a réussi, en France, à en détacher presque entièrement les nouvelles générations. Peu à peu, si l'on n'y prend garde, l'incrédulité étendra son voile de glace de contrée en contrée ; et que faut-il à la révolution pour parvenir à éteindre la foi ? Deux seules choses, que les gouvernemens ont eu l'imprudence de lui abandonner, du moins en partie : la liberté de la presse et celle de l'enseignement.

Sans la foi, nulle religion ne peut vivre ; et sans la religion, vos trônes doivent s'écrouler. Que deviez-vous faire, Princes, pour garder ce précieux dépôt ; que vous reste-t-il à faire pour en sauver les restes ? Rétablir la foi n'est pas en votre puissance. Vous n'avez reçu du ciel ni le pouvoir d'apôtres, ni la mission de théologiens. Mais puisque l'abus de deux libertés civiles suffit à détruire le plus solide fondement de la paix et du bonheur des peuples, pourquoi, gardiens de l'ordre civil, abandonnez-vous ou laissez-vous abandonner ces deux libertés aux ennemis de la religion, qui sont aussi les vôtres?

La législation civile de l'Europe, composée du droit romain et des anciennes institutions germaniques, opposait à la révolution mille résistances de détail. Elle s'empressa de modifier les lois et d'abolir les coutumes qui contrariaient ses desseins, et elle eut l'art de présenter aux peuples ces modifications comme des perfectionnemens conformes aux progrès de la civilisation. Ainsi, voulant détruire la perpétuité des familles, première base de l'ordre monarchique, elle prétexta des motifs d'équité à l'égard des individus pour proscrire les fidéicommis, les majorats; l'inégalité des partages, pour diminuer la puissance paternelle, et elle couronna cette œuvre de dissolution domestique par l'institution du divorce. Sous prétexte de l'égalité des droits, elle abolit toutes les corporations industrielles, au sein desquelles se propageaient des traditions d'ordre et des règles de discipline qui formaient obstacle à son besoin d'innovations. Jusqu'à elle on avait pensé que la propriété privée, que les gouvernemens protégent, devait être justement retirée des mains du possesseur qui en faisait usage pour attaquer et renverser ces gouvernemens. La révolution, en possession de ses rapines, voulut les clouer dans ses mains par l'abolition de la confiscation pour complots et crimes politiques. Si les limites étroites de cet écrit ne s'y opposaient, il serait aisé de montrer que le code révolutionnaire, appelé code Napoléon, quoique justement admiré sous plusieurs rapports, renferme toutes les dispositions nécessaires pour changer la face de la société en Europe. Et pourtant ce code fut adopté en entier à la restauration; et plusieurs princes l'ont introduit dans leurs états, sans paraître se douter que, de ce monument rédigé avec autant d'habileté que de prévoyance, la révolution sortira quelque jour tout armée à la voix des légistes.

Le système militaire de la révolution fut conçu avec non moins d'adresse et de prudence. Les monarques, considérés comme les chefs et les représentans des peuples, avaient la force publique à leur disposition. Pour s'emparer de cette puissance redoutable, on commença par distinguer, à l'aide d'un raisonnement captieux, la nation du souverain, et ensuite il ne fut pas difficile de démontrer que les armées étaient nationales. De conséquences en conséquences on en vint à mettre en question l'obéissance passive au souverain, et la classe armée finit par se croire appelée à délibérer. Alors, à la vérité, la révolution eut à subir le joug du despotisme militaire; mais elle l'envisage comme un inconvénient passager, peut-être même comme un moyen de propager plus rapidement son œuvre de destruction, car c'est déjà pour elle un avantage précieux que de pouvoir opposer des usurpateurs, qui font la guerre en son nom, aux monarques légitimes.

Le mode adopté par la révolution pour la composition de ses armées est bien digne de remarque. Sa garde nationale, avec l'élection libre des officiers, n'est autre chose qu'une démocratie armée. Quant à la conscription, sorte de parcage annuel de la population entière, avec la communauté de droits à l'avancement et les autres dispositions qui en dérivent, on peut la définir en peu de mots : c'est l'égalité armée de baïonnettes, marchant au pas de charge contre toutes les institutions monarchiques, présentes et à venir.

Telles sont les combinaisons à l'aide desquelles la révolution française, dès son origine, a entrepris de bouleverser l'ordre social. A la restauration, elle manqua de perdre tout le fruit de ses longs et sanglans efforts. Mais on crut en avoir fait assez lorsqu'on eut vaincu ses armées et occupé militairement sa capitale. On lui laissa ou plutôt on lui rendit ses institutions, la liberté des cultes, de la presse, son code civil, sa conscription; avec ces ressources elle se fût bientôt rétablie, quand bien même on l'eût privée de ses conquêtes matérielles, ce qu'on ne fit point. Ajoutons que quinze années de paix et la protection de la légitimité lui ont permis d'user largement de tous ses moyens pour élever, selon ses principes, trois millions de Français qui ont aujourd'hui de vingt à trente-cinq ans, et il sera facile de juger qu'elle se trouve en ce moment plus puissante qu'elle ne l'était en 1792.

Aujourd'hui, comme alors, la France désunie, agitée à la suite d'une grande commotion, mécontente à l'intérieur, cherchant à déverser sur l'étranger les haines qui la dévorent, humiliée d'être en état de paix avec les rois légitimes, après avoir perdu le sien, jette de nouveau ses regards vers la gloire des armes. La révolution s'apprête à la pousser en masse dans les camps. Pour recommencer l'invasion de l'Europe, il ne lui manque plus qu'une occasion et quelque chef. En un mot, la France actuelle est ce qu'elle était au moment où Napoléon l'arracha des mains débiles du Directoire, à cela près qu'elle était alors affaiblie et découragée, tandis qu'elle est aujourd'hui rajeunie et pleine de vigueur.

Napoléon se plaça à la tête des intérêts matériels de la révolution; voilà le secret de sa force; mais cet homme avait le sentiment de l'ordre et de la durée; il comprit bientôt la nécessité d'abolir les principes révolutionnaires, et c'est là le secret de sa carrière aventureuse et de sa chute. Ne pouvant rétablir la morale et le droit sur leurs bases, sans outrager ces intérêts qui faisaient sa force, sans condamner son propre pouvoir, il lui fallut entreprendre d'abolir, ou, du moins, de dominer tout le droit européen, afin que les attentats dont il avait hérité pussent se prescrire à l'ombre des conquêtes, et que le sang de quelques générations glorieusement immolées effaçât les titres trop évidens de son usurpation.

La faute énorme des souverains fut de ne voir qu'un homme dans Napoléon. C'était encore un principe *. Il ne suffisait pas, pour soumettre la révolution, de renverser le chef qui la conduisait depuis dix ans. Ce n'est pas le génie de Napoléon qui a fait la France conquérante; c'est la France révolutionnaire qui a fait de Napoléon un conquérant. Il sera difficile, peut-être, de retrouver un chef aussi habile et aussi heureux; mais, si sa place n'est point occupée, chacun remarque qu'elle est vacante, et mille concurrens y aspirent. Le premier qui l'obtiendra se hâtera de poursuivre l'œuvre immense de la propagande. Une nouvelle ère de sang et de ruines pourra alors recommencer. A moins que l'explosion intérieure et la guerre civile, qui paraissent imminentes, ne détruisent la révolution dans son propre foyer, vous aurez, Princes à combattre de nouveau sur votre territoire, cette ennemie que vous avez imprudemment honorée sur le sien.

Après avoir examiné les principales forces de la révolution et son mode d'agir sur les peuples, il me reste à indiquer le plus puissant, le plus sûr, le plus effrayant de ses moyens de succès. Je veux parler de l'influence directe qu'elle est parvenue à exercer sur vos cabinets et sur vous-mêmes, Princes.

Tout monarque débonnaire est exposé aux flatteries de la révolution; ceux qui ont prêté l'oreille

* Les habiles de la révolution en jugeaient ainsi, et ne le cachaient pas. « Grâce au génie de Napoléon, l'Europe activ ene formera bientôt qu'une immense famille, unie par *la même religion*, *le même* » code de lois, et *les mêmes mesures*. » (La Place, *Exposition du Système du Monde*, p. 142, édition de 1813.)

aux chants de cette nouvelle syrène ont été entraînés dans l'abîme, depuis Louis XVI jusqu'à don Pédro. Malgré ces redoutables exemples, il est encore des souverains qui s'abandonnent au même penchant, qui s'enivrent des mêmes flatteries. Voilà le plus terrible des dangers qui menacent l'ordre social. Quelle chance de salut reste-t-il aux passagers, lorsque le pilote lui-même gouverne obstinément vers le gouffre?

Existe-t-il quelque part un monarque qui avec les intentions les plus pures, avec le désir le plus sincère de rendre ses peuples heureux, possède un caractère indécis, un jugement mal exercé, des lumières bornées? La révolution l'adopte aussitôt, elle l'entoure, elle se fait son intime conseillère. Elle approuve tous les projets vagues d'amélioration qu'il médite; elle offre son spécifique pour tous les maux qu'il s'agit de guérir. Sa panacée universelle, c'est une constitution écrite, dont les dispositions puissent déplacer les droits politiques et bouleverser l'ordre existant. Arrivé à ce point, le prince mal avisé n'est plus qu'une instrument docile aux mains de sa superbe ennemie. Il n'est plus le souverain, mais seulement le premier fonctionnaire du gouvernement; il n'est plus la source d'où découle toute justice, mais seulement la main qui légalise humblement les arrêts prononcés par ses ex-sujets; il n'est plus le régulateur prudent des destinées de ses peuples, mais seulement l'exécuteur des résolutions prises par leurs représentans dans la confusion des assemblés délibérantes. Il n'est plus, en un mot, qu'un roi *constitutionnel*.

Remarquez, Princes, qu'on vous propose toujours ce système comme entièrement favorable à votre pouvoir, à vos intérêts particuliers, à votre désir de faire le bien. Êtes-vous embarrassés dans vos finances? Le libéralisme se présente comme habile à grossir le fisc. Ses budgets sont énormes, mais il se charge de les recueillir. Rêvez-vous de nombreuses armées? il forcera chacun d'apprendre l'exercice, depuis l'enfant jusqu'au vieillard. Êtes-vous troublés par des prétentions ou par des résistances de la part de sujets puissans, d'ordres ou de corporations? Le libéralisme les abolit tous. Soupirez-vous après le repos? Il vous dote d'une riche pension annuelle, et se charge de gouverner à votre place. Il fait même, de votre éloignement des affaires, une condition de sa libéralité. Désirez-vous des honneurs, de la représentation? Le libéralisme vous en accablera. Êtes-vous sensible à la manifestation de l'amour populaire, votre cœur s'épanouit-il aux acclamations de la foule? La foule se pressera sur vos pas, mille poètes, dînant du budget, vous célébreront; on vous chantera chaque soir sur les théâtres, et, chaque matin, les gazettes vous salueront des noms de législateurs, de régénérateurs, de bien-aimés. Tout roi *constitutionnel* peut jouir de ces triomphes, de ce bonheur, pendant deux, cinq, ou peut-être quinze ans, jusqu'au moment, en un mot, où la révolution se trouve assez puissante pour se passer de lui; alors, joie, respect, amour, liste civile, tout disparaît; vous tombez du faîte dans l'exil. Heureux si le fatal couteau, derniere raison des révolutionnaires, n'est pas déjà dressé pour vous barrer le chemin! Car, bien que votre chute soit préparée et attendue depuis le jour où vous avez accepté les chances de la monarchie *constitutionnelle*, ne choisit pas qui veut entre la fin de Louis XVI, celle de Charles X, ou celle de don Pédro.

Le premier et le plus déplorable de ces exemples de royautés mortes du régime *constitutionnel* ne saurait être trop médité : ce fut l'infortuné Louis XVI qui ouvrit cette route, dont l'expérience, du moins, ne lui avait pas enseigné les dangers. Personne, même parmi ses assassins, n'a osé révoquer en doute ses vertus privées et ses intentions pures. Lorsqu'il monta sur le trône, la révolution était prête; il ne lui manquait qu'un roi qui rêvât de régénérer son royaume. Des conseillers semi-philosophes, honnêtes, mais imprudens, placèrent Louis dans ces dispositions. Ce monarque connaissait, néanmoins, ce que valait le trône de France, il savait qu'un roi n'est que l'usufruitier de sa couronne; la révolution se chargea de lui persuader que tout allait se faire dans l'intérêt de son trône, qu'il aurait le mérite et la gloire de laisser à ses successeurs une puissance plus grande et mieux assurée. Des ordres privilégiés avaient autrefois opposé quelques résistances; plus d'ordres privilégiés ! Les parlemens avaient refusé d'enregistrer certains édits royaux ; plus de parlemens ! La France, nivelée, allait ne connaître désormais qu'une seule autorité, qu'un seul joug, qu'un seul maître ; son roi bien-aimé, son roi philosophe, son roi restaurateur, son roi *constitutionnel*, enfin. Et pour que tout, autour de lui, l'entretînt dans cette illusion, la révolution s'abaissa, dans le principe, jusqu'à courtiser les courtisans eux-mêmes. On leur fit entrevoir des dignités nouvelles et surtout des fortunes ; ils trouvèrent aussitôt que c'était justice que de dépouiller la noblesse de province et le clergé. La hiérarchie qui avait conservé l'ordre social pendant treize siècles fut condamnée, aux acclamations des aristocrates de cour devenus *constituans*. On se mit aussitôt à démolir, pièce à pièce, ce vénérable édifice ; le trône tomba, d'échelons en échelons, jusqu'au niveau de la populace vile et féroce qui le renversa dans la boue et dans le sang, avec la plupart des auteurs de cette régénération prétendue.

A dater du jour où il accepta la constitution, Louis XVI n'eut cependant plus rien à se reprocher. Ce prince consciencieux, qu'on célébrait, qu'on bénissait, qu'on adorait en 1791, était deux ans après calomnié, abreuvé d'outrages, livré aux bourreaux, sans avoir changé de conduite ni de pensées, sans avoir cessé un seul instant de croire à la pureté de ses vues, à la sagesse de ses premières concessions, à la justice de ses actes. Son testament en est la preuve.

Et pourtant, il faut bien le dire, la politique conseillée à Louis XVI, n'avait été ni juste, ni sage : car la justice royale consiste à respecter les droits et les propriétés de tous ses sujets, à les défendre, à périr, s'il le faut, pour leur conservation. Or, la constitution civile du clergé, l'abolition des ordres, les confiscations, et toutes les injustices révolutionnaires, qui ne peuvent à la vérité être imputées à la volonté libre du malheureux monarque, furent le résultat du dernier acte qu'il fit de cette volonté, en consentant à la mesure fondamentale que les flatteurs révolutionnaires lui avaient suggérée.

Dans les relations extérieures, la justice consiste, en temps de paix, à observer les traités; leur infraction entraîne des guerres qui sont justes à l'égard du violateur. Ces guerres, dont l'issue est abandonnée à la Providence, donnent lieu, à leur tour, à de nouveaux traités dont l'observation devient également de rigueur. Voilà l'unique fondement d'équité, en fait de droit public; et, quelque embarrassans que paraissent être, par fois, les problèmes diplomatiques, on peut toujours les résoudre d'après cette simple loi. Or, que dirions-nous de la politique de Louis XVI appuyant l'insurrection d'Amérique? Ne semble-t-il pas que la justice suprême ait voulu manifester d'une manière éclatante sa domination sur les transactions humaines, lorsqu'elle a renvoyé, presqu'immédiatement, sur le sol de la France, cette révolution que les Français venaient de secourir dans l'autre hémisphère? Qu'a été Lafayette, qui représente à lui seul la révolution des deux mondes, sinon le messager des vengeances de la Justice éternelle outragée par l'alliance d'un roi légitime avec des sujets révoltés contre leur souverain?

Les fautes et les malheurs de Louis XVI n'ont éclairé ni les princes, ni les hommes d'état. On croit avoir réussi à rendre la révolution moins cruelle; on a obtenu que les trônes s'écroulassent plus doucement. Voilà tout le fruit d'une politique de quarante années.

Que dire de tous ces rois abusés, signant l'abandon de leur pouvoir, de tous ces ministres crédules essayant d'obtenir par le libéralisme une popularité d'un jour, remplacés par d'autres ministres suivant les mêmes traces, et tombant avec la même rapidité? que penser de leur jugement et de leurs lumières, s'il n'est pas permis de douter de leur bonne foi?

L'exemple le plus récent de ce fatal aveuglement, celui que nous donne aujourd'hui l'ex-empereur du Brésil, n'est pas le moins remarquable. Une *constitution* a suffi pour abattre d'autres souverains; celui-ci en a supporté deux; il est vrai qu'il est tombé deux fois, et qu'il a perdu deux royaumes. Mais n'importe; il n'en est pas moins persuadé qu'une constitution à balance de pouvoirs est un chef-d'œuvre de sagesse sans lequel une monarchie ne peut vivre. Il en est mort, pourtant; mais il n'est point corrigé; et, dans toute la sincérité et la candeur de son âme, il nous explique les symptômes et le dénouement de la crise à laquelle il a succombé. « La constitution que j'avais donnée à mes peuples, dit-il, me réservait le choix de mes ministres. Les représentans ont contesté l'exercice de cette prérogative; la populace s'est rangée de leur parti, mes troupes m'ont abandonné. J'ai mieux aimé abdiquer la couronne que de céder lâchement mes droits, droits sacrés, incontestables, puisqu'ils étaient garantis par la constitution. »

Hélas! si une *constitution* sur le papier est facile à écrire, il est encore plus facile de l'effacer : et l'on appelle cela une garantie! Mais lorsque, se conformant aux idées nouvelles, on a séparé les rois des peuples, lorsqu'on a attribué des droits particuliers à chacun d'eux, s'il survient quelques contestations, de part ou d'autre, sur l'exercice de ces droits, qui jugera? où retrouver l'autorité suprême? Dans la force, apparemment. C'était bien la peine de jurer une Charte!

Remarquons que, tôt ou tard, le problème sera résolu contre le prince, comme il vient de l'être à Rio-Janeiro. Une fois en possession d'une Charte, la révolution est sûre de son fait. Sa marche est simple et rapide. Une fraction des représentans du peuple, majorité ou minorité, saisit la première occasion d'opposition contre le monarque. S'il cède, on arrive, pas à pas, à la république; s'il résiste, on se rend populaire, et l'émeute est organisée. Que le prince veuille alors recourir aux moyens militaires (et il y est bien forcé), l'armée, à qui l'on a persuadé, d'après la constitution, qu'elle est avant tout nationale, fera ce raisonnement : Puisqu'on s'adresse à nous pour terminer les différens entre le roi et les représentans de la nation, c'est à nous de juger de quel côté est le droit. Et après qu'elle en aura délibéré, elle pourra aussi faire cette réflexion : Si nous tirons sur le peuple, nous opprimons la nation dont nous faisons partie. Si nous refusons d'obéir, qu'en résultera-t-il? que le prince se retirera; il n'y aura point de sang répandu, et plus tard, nous aviserons.

Voilà où seront inévitablement conduits tous les princes de bonne foi qui ont donné, ou qui donneront à leurs peuples des chartes à balance de pouvoirs, sous la dictée des idées modernes. Ce ne sont que des planches posées au-devant de la république. Quand on croit céder quelques portions de la souveraineté, on l'abandonne tout entière, car elle est indivisible, ainsi que je l'ai déjà fait remarquer. Monarques européens, si le spectacle des catastrophes qui suivent partout l'adoption de ce système ne suffit pas à vous le faire haïr, n'est-il pas temps enfin que la logique, du moins, vous le fasse rejeter?

Quant aux hommes d'état qui vous conseillent de faire des concessions, qui composent des chartes, et qui se proposent pour les exécuter, je n'entreprendrai pas de changer, sur ce point, leurs idées. Comment les détourner d'une combinaison où ils voient, avant tout, une carrière d'honneurs et de profits ouverte devant eux? Après plusieurs années de labeurs infructueux, mais bien rétribués, pour vous entretenir dans l'espoir de réaliser un système impossible, ils en sont quittes pour se retirer, couverts d'or et de dignités, en disant avec compassion, comme M. Lainé : *Les rois s'en vont!*.....

FIN.

www.ingramcontent.com/pod-product-compliance
Ingram Content Group UK Ltd.
Pitfield, Milton Keynes, MK11 3LW, UK
UKHW031943260826
14628UKWH00004B/1808

9 782011 784179